Pralinen

Sweet Seasons

Süsse Verführung

Text & Layout: Alina Quiner
Illustrationen: Isabella Rathner, Sophie Neudorfer

Inhalt

Die Rezepte in diesem Buch sind je für etwa 30 Stück Pralinen ausgelegt.

Natürlich kommt es sehr darauf an, welche Formengröße du benutzt bzw. wie groß du die Pralinen formst. Je nach dem kann es passieren, dass dir am Ende etwas übrig bleibt oder du zu wenig für deine gewünschte Menge hast.

- ♥ Du kannst Pralinenfüllungen problemlos einfrieren.
- ♥ Beim nächsten Mal rührst oder knetest du sie einfach zur frischen Füllung dazu.
- ♥ Ganachen könntest du auch aufschlagen und als cremige Tortenfüllung oder Cupcake-Topping verwenden.
- ♥ Nougat kann geschmolzen werden und als Glasur für Törtchen dienen.
- ♥ Verschiedene Fruchtfüllungen könnten in einem Schichtdessert ihren neuen Platz finden.
- ♥ Alles Schokoladige oder Karamellige passt hervorragend zu Bananen, so als süßer Snack zwischendurch.

Wichtig ist, dass nichts verschwendet wird, das wäre sehr schade um die Zutaten und deine Arbeit. :)

Kuvertüre

Was die meisten Pralinen ausmacht, ist wohl die Kuvertüre.
Sie umschließt die Füllung und sorgt unter anderem für eine längere Haltbarkeit. Deshalb sollte beim Ausgießen der Formen (sowie beim späteren Füllen mit dem Pralineninhalt) darauf geachtet werden, Lufteinschlüsse zu vermeiden, da besonders Ganachen an der Luft schnell schlecht werden.
(Ganache = wenn man Schlagobers, oder in unserem Fall meistens Mandelmilch, erhitzt und mit Kuvertüre verrührt und abkühlen lässt.)

Welche Kuvertüre verwende ich?

- Schmecken muss sie!
- Unsere Empfehlung: vegane Kuvertüre auf Reis- oder Kokosbasis.
  Kuvertüre auf Sojabasis hat meist einen
  4 unerwünschten Beigeschmack. Das ist natürlich keine Pflicht, es darf auch Milchkuvertüre genommen werden.
- Hochwertige Zartbitterkuvertüre ist in der Regel immer vegan.
- Qualitativ hochwertige Kuvertüre besteht im Wesentlichen aus:
  - Kakaobutter
  - Kakaomasse/-pulver (hell, dunkel)
  - Zucker oder andere Süßungsmittel
  - Milchpulver bzw. Sojapulver, Reispulver, etc. (weiß, hell)
  - evt. Emulgatoren (meistens Sojalecithin), Vanille, Salz
- Butterreinfett, und andere Fette und Öle in der Zutatenliste sprechen nicht für gute Qualität. (Hier wird bei der verhältnismäßig teuren Kakaobutter gespart)

Kuvertüre richtig verarbeiten

Kuvertüre muss **temperiert** werden, damit sie wieder in ihre „Ursprungsform" zurück kann.

Geschmolzen verarbeitete Kuvertüre:

- zieht sehr langsam an
- schmilzt beim bloßen Anfassen
- kein schöner Glanz
- Fettreif (grauer Schleier)

Temperierte Kuvertüre:

- zieht schnell an
- knackt beim Brechen
- glänzt
- hält Raumtemperaturen stand

Gerade am Anfang ist das Temperieren vielleicht nicht ganz einfach und klappt vielleicht nicht beim ersten Mal. Aber nur nicht entmutigen lassen, es ist wie Fahrrad fahren. Je öfter man es macht, desto mehr wird es zur Selbstverständlichkeit.

Pralinen richtig lagern

Ideale Lagertemperatur: **16-18°C, keine hohe Luftfeuchtigkeit.**
In einem normalen Haushalt hat man diese Lagermöglichkeit nicht immer. Pralinen, vor allem mit Ganachefüllung sollten daher eher im Kühlschrank gelagert werden als bei Raumtemperatur.

Einfrieren von Pralinen:

- luftdicht verpacken
- zum Auftauen zuerst einen Tag lang in den Kühlschrank legen um Kondenswasser durch zu schnelles Erwärmen zu vermeiden. (Zuckerreif, ähnlich wie Fettreif)

Temperieren

1 Schmelzen (ca. 45°C)

Wenn ein ganzer Block Kuvertüre gekauft wird, sollte er vorher unbedingt geraspelt, oder zumindest in kleinere Stücke gebrochen werden. Je kleiner die Stücke sind, desto gleichmäßiger lässt sich die Kuvertüre schmelzen und ein zu heiß Werden wird verhindert.

Im Wasserbad:
Einen Topf bloß so viel mit Wasser füllen, dass das Wasser die Metallschüssel nicht berührt.
In der Metallschüssel die Kuvertüre unter Rühren auf 45°C schmelzen.
Achtet darauf, dass kein Wasser in die Kuvertüre kommt, sonst wird sie sofort fest und lässt sich nur mehr sehr schwer verarbeiten.

In der Mikrowelle:
Die Kuvertüre in 10-20 Sekunden-Intervallen in die Mikrowelle stellen und nach jedem Intervall gut durchrühren, so lange, bis 45°C erreicht werden.
Wer Erfahrung und/oder nicht viel Zeit hat, kann mit dieser Methode die Kuvertüre auch direkt auf Verarbeitungstemperatur bringen und Schritt 1 und 2 auslassen. Wir empfehlen das aber nicht unbedingt, da die Gefahr relativ hoch ist, dass Fettreif entsteht.

2 Abkühlen (26-28°C)

In diesem Schritt kann theoretisch auch sofort auf Verarbeitungstemperatur gekühlt werden, sicherer ist es trotzdem, zuerst abzukühlen und dann erst auf Verarbeitungstemperatur zu erwärmen.

Im Wasserbad:
Die Kuvertüre am besten in eine kühlere (Zimmertemperatur) Metallschüssel füllen und in ein kaltes Wasserbad stellen. Unter ständigem Rühren auf die richtige Temperatur abkühlen.
Diese Methode ist am anfälligsten für Fettreif, da die Schüssel als Barriere zwischen dem kalten Wasser und der Schokolade fungiert und deshalb der Abkühlungsprozess otfmals zu lange dauert.

Impfen:
In die geschmolzene Kuvertüre ca. 1/3 geraspelte oder sehr fein gehackte Kuvertüre einrühren. Mehr oder weniger verwenden um die gewünschte Temperatur zu erreichen. Zusätzlich kann man die Schüssel in ein kaltes Wasserbad stellen.
Um das Festbleiben einiger Stücke gegen Ende zu vermeiden und die Zuckerkristallbildung anzuregen, kann mit einem Stabmixer nachgehofen werden.
Achtung: möglichst keine Luft einmixen!
Wir empfehlen diese Methode, da sie am saubersten ist und gerade für Anfänger am gelingsichersten.

Tablieren:
Ca. 2/3 der geschmolzenen Kuvertüre wird auf eine Marmorplatte gegossen und mit einer Palette verstrichen. Sobald die Kuvertüre beginnt anzuziehen, wird sie wieder zum Rest gegeben und gut verrührt.
So lange wiederholen, bis die gewünschte Temperatur erreicht ist.
Diese Methode macht hauptsächlich bei großen Mengen Kuvertüre wirklich Sinn. Ausserdem erfordert sie ein wenig Übung und eben eine geeignete Arbeitsfläche.

3 Verarbeitungstemperatur

(weiss: 29°C, hell: 31°C, dunkel: 32,5°C)

Auf vielen Verpackungen steht die ideale Verarbeitungstemperatur für die jeweilige Kuvertüre.
Wie beim Schmelzen kann dieser Schritt im Wasserbad oder in der Mikrowelle erfolgen.

Die Probe

Um zu prüfen, ob das Temperieren erfolgreich war, taucht man z.B. einen Löffel in die Kuvertüre und legt ihn an einen kühlen Ort oder in den Kühlschrank. Wenn sie die Anzeichen temperierter Kuvertüre hat, ist sie perfekt temperiert.

Pralinen

Es gibt verschiedene Herstellungsarten von Pralinen, je nachdem, wie die Füllung beschaffen ist. Entweder gießt man sich eine Form und füllt dann die (eher flüssige) Füllung ein, oder man hat ein formbares Innenleben, dass dann erst getunkt werden muss.

Ausgegossene Pralinen

Pralinenformen ausgießen

Der Markt bietet 2 verschiedene Varianten von Pralinenformen. Silikonformen und Polycarbonat-Formen. Silikonformen sind viel (wirklich sehr viel) günstiger in der Anschaffung, mit Polycarbonatformen lässt es sich dafür leichter und sauberer arbeiten und oftmals sind die Ergebnisse auch schöner.

1. Die Pralinenform vollständig mit temperierter Kuvertüre anfüllen.
2. Ein paar mal auf die Arbeitsfläche aufklopfen. Falls Luftbläschen in der Kuvertüre sind, steigen diese jetzt nach oben. Das verhindert spätere Löcher in der Pralinen"wand".
3. Mit einer geraden Spachtel über die Form streichen und die überflüssige Kuvertüre somit entfernen.
4. Nun die ganze Form umdrehen und schütteln oder dagegenklopfen. Die Kuvertüre rinnt nun raus und hinterlässt den gewünschten Hohlkörper.
5. Überprüfen, ob kleine Löcher oder zu dünne Stellen entstanden sind, diese können mit dem Finger korrigiert werden.
6. Wieder mit einer geraden Spachtel die überflüssige Kuvertüre entfernen und die Form mit den (Löchern nach oben) kühl stellen.

- ♥ Alternativ statt dieser Prozedur kannst du die Formen auch einfach mit Kuvertüre auspinseln. Hier passiert es aber häufig, dass dann teilweise sehr dünne Stellen entstehen, die öfter mal brechen.

Füllen

Sobald die Kuvertüre in den Formen fest ist, kann sie auch schon gefüllt werden.

1. Die Füllung (meistens Ganache) darf dabei nicht mehr warm sein. Am besten eine „Lippenprobe" machen. Die Füllung dabei kurz mit der Unterlippe berühren. Kühl? Perfekt! Lauwarm? Noch etwas auskühlen lassen.
2. Nun die Füllung am besten mit Hilfe eines Dressiersacks in die Formen füllen. Aber nicht zu voll! Schließlich muss die Form noch mit Kuvertüre verschlossen werden! Wie beim Ausgießen wieder auf der Arbeitsfläche aufklopfen, um Lufteinschlüsse zu vermeiden. Sollte die Füllung etwas fester sein (Marzipan z.B.), kannst du ruhig mit einer Gummispachtel nachdrücken.
3. Im Kühlschrank die Füllung fest werden lassen. Das kann je nach Füllung auch ein paar Stunden dauern.

Abstreichen

- ♥ Nun mit temperierter Kuvertüre die Formen abstreichen. Dazu einfach nur ein wenig auf der Form verteilen, so dass alle Pralinen vollständig verschlossen sind. Wieder mit einer geraden Spachtel die überflüssige Kuvertüre entfernen und kühl stellen.

Ausschlagen

- ♥ Silikonformen: vorsichtig an den Seiten ziehen, um die Kuvertüre etwas von den Formen zu lösen. Mit viel Gefühl aus den Formen drücken.
- ♥ Polycarbonat-Formen: Ein sauberes Geschirrtuch auf die Arbeitsfläche legen und die Form mit einem Ruck an einer Kante aufschlagen. Die Pralinen sollten nun von selbst aus den Formen fallen.

Pralinenformen säubern

Prinzipiell ist es nicht notwendig, die Formen nach jedem Ausschlagen zu waschen, solange keine Reste darin kleben bleiben. Wenn du merkst, dass die ausgeschlagenen Pralinen fleckig aus den Formen kommen, dann ist ein Säubern erforderlich.

Wir raten dazu, die Formen dafür erstmal mit heißem Wasser von der Kuvertüre zu befreien und dann mit einem Backpinsel und eventuell einem milden Spülmittel gut auszuwaschen. Ganz wichtig ist, dass du die Formen danach gut abtrocknest, da sich sonst Wasserflecken bilden, die sich auf die Pralinen übertragen.

Vermeide es auch, mit den Fingern die Innenseite der Formen zu berühren. Auf der Haut befindet sich immer ein leichter Fettfilm, wenn du Pech hast, sind auf später ausgegossenen Pralinen dann leichte Fingerabdrücke zu sehen.

Fertige Pralinenhohlkugeln

Sie sparen Zeit, sind nicht besonders teuer und gleichmäßig rund. Die dunkle Variante ist in den meisten Fällen vegan, aber helle und weiße, vegane Pralinenhohlkugeln zu finden könnte etwas schwieriger werden. Im Normalfall kommen Pralinenhohlkugeln in einer Plastikverpackung, in der jede einzelne Kugel gut geschützt eingebettet ist.

Hohlkugeln füllen & verschließen

1. Gefüllt werden die Hohlkugeln wie ausgegossene Pralinen, wobei es sich mit flüssigen Füllungen als einfacher erweist, da die Öffnung eher klein ist.
2. Sobald die Füllung fest geworden ist, die gefüllte Hohlkugel aus der Plastikverpackung nehmen, einen Tupfen temperierte Kuvertüre in die Ausbuchtung der Plastikverpackung dressieren und mit der Öffnung nach unten wieder reindrücken.
3. Die Kuvertüre anziehen lassen. Kontrollieren, ob die Praline auch gleichmäßig verschlossen ist.

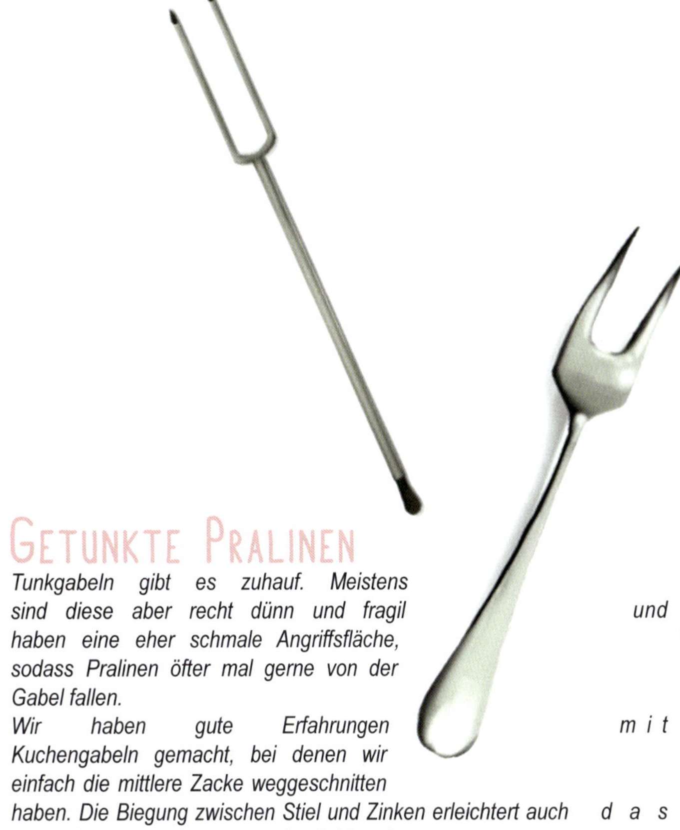

Getunkte Pralinen

Tunkgabeln gibt es zuhauf. Meistens sind diese aber recht dünn und fragil und haben eine eher schmale Angriffsfläche, sodass Pralinen öfter mal gerne von der Gabel fallen.

Wir haben gute Erfahrungen mit Kuchengabeln gemacht, bei denen wir einfach die mittlere Zacke weggeschnitten haben. Die Biegung zwischen Stiel und Zinken erleichtert auch das herausfischen der Praline aus der Schüssel.

1. Zum Tunken eine Schüssel mit temperierter Kuvertüre bereitstellen.
2. Eine Praline in die Schüssel werfen, mit einer Tunkgabel kurz untertauchen.
3. Mit der Tunkgabel nun die Praline hochheben, durch Aufklopfen am Schüsselrand die überflüssige Kuvertüre abtropfen lassen, auf ein Backpapier wegsetzen und anziehen lassen.

Ohhh, Hello!!

Ketsuro Haru ist mein Name, freut mich dich kennen zu lernen! Backen ist mein Leben und ich hoffe, irgendwann so gut zu werden wie der berühmte Fernsehkonditor Yukio Fuyu. Kennst du den? Ich bin ein riiiiesen Fan von ihm! Seine Sachen sehen immer soo gut aus und er selbst ist auch super nett! Ich schreibe ihm fast jede Woche Fanpost und er hat sogar schon einmal geantwortet und das, obwohl er so beschäftigt ist! Ich bin jetzt kein Profi in der Küche, aber das macht nichts. Mir ist wichtig, dass ich Spaß habe an dem was ich tu – es ist ja auch noch kein Meister vom Himmel gefallen. Ich versuche mich immer Schritt für Schritt zu verbessern. Yukio Fuyu gibt seit Neuestem Kurse – wenn ich da einen Platz bekomme, werde ich sicher auch bald Profi!

– Kes

Frühling
Zucker

Knisternougat-Erdbeere

100g Erdbeeren

1 Msp Agar-Agar

200g Haselnussnougat

1 EL Knisterzucker

Ketsuro's Schoko-Empfehlung: helle Kuvertüre auf Reisbasis

1 Pralinenformen ausgießen. (Seite 6)

2 Die Erdbeeren pürieren und mit dem Agar-Agar 1-2 Minuten aufkochen. Auskühlen lassen.

3 Das Haselnussnougat in der Mikrowelle zu einer zähen Masse erwärmen, sodass man gut umrühren kann, aber nicht schmelzen!

4 Den Knisterzucker unter das Nougat rühren.

5 Etwas von dem ausgekühlten Erdbeergelee in die Formen geben und den Rest mit dem Knisternougat anfüllen. Dabei aufpassen, dass keine Lufteinschlüsse entstehen. Kurz kühl stellen und abstreichen. (Seite 6)

Hinweis:

Knisterzucker findet man, zum Beispiel, hin und wieder, auf lustigen Wassereissorten. Wenn man ihn isst, prickelt und knistert es im Mund. Das liegt daran, dass Knisterzucker mit Zucker umhülltes Kohlenstoffdioxid ist. Er darf beim Verarbeiten nicht mit wasserhaltigen Substanzen in Verbindung kommen, da sich sonst der Zucker auflöst und das Kohlenstoffdioxid freilässt. Nougat besteht hauptsächlich aus Fett (Kakaobutter), deshalb sollte es hier keine Probleme geben. Es gibt verschiedene Marken und Geschmackrichtungen von Knisterzucker, die nicht alle vegan sind, also sollte man immer die Zutatenliste überprüfen.

Auch Nougat enthält oft Milchbestandteile!

Nähere Infos über Agar-Agar findest du auf Seite 21 im Hinweis-Feld.

Erdnuss-Blätterkrokant

150g Kristallzucker

150g Erdnussmus (oder anderes Nussmus)

ein wenig Kakaobutter

Ketsuro's Schoko-Empfehlung: dunkle Kuvertüre

1 **Vorbereitung:**
Ein möglichst ebenes Backblech im Backofen erhitzen. (mindestens 100°C)
Kakaobutter schmelzen.
Backpapier auf der Arbeitsfläche bereitlegen.
Ausserdem einen Nudelwalker, ein 2. Backpapier und 2 Metallspachteln. (Notfalls kannst du auch Pfannenwender benutzen, sie sollten eine gerade Kante haben)
Blätterkrokant muss recht zügig verarbeitet werden, deshalb ist hier gute Vorbereitung das A und O.

2 Während das Backblech aufheizt, den Zucker karamellisieren. Am Besten machst du das etappenweise.
1/3 des Zuckers im Topf auflösen.
Sobald er flüssig ist, wieder 1/3 zugeben, wiederholen und karamellisieren.

3 Das Nussmus in der Mikrowelle erwärmen bis es eine „rührfähige" Konsistenz bekommt. Achtung, das dauert nicht allzu lange! Bei zu langem Erwärmen verbrennt es. Karamell und Nussmus sollten gleichzeitig fertig sein.

4 Das heiße Backblech aus dem Ofen nehmen und dünn mit einem Pinsel die geschmolzene Kakaobutter auftragen.
Zügig arbeiten, bevor das Karamell hart wird!

5 Das Karamell auf das Backblech schütten. Das Nussmuss auf das Karamell schütten, dabei darauf achten, das Mus gut zu verteilen und nicht nur auf einen Punkt zu leeren.

6 Mit 2 Metallspachteln tourieren, also das Karamell von aussen nach innen „schieben" oder „falten". Am Besten stellst du dir das Ganze als Viereck vor, von dem du jeweils abwechselnd die 2 gegenüberliegenden Kanten einschlägst. Darauf achten, dass du rundherum so wenig wie möglich Zucker-Musspuren hinterlässt.
Auch die Spachteln immer wieder davon befreien, da diese Stücke schneller auskühlen und du nachher dann vielleicht Klumpen im Blätterkrokant hast.
Diesen Vorgang so lange wiederholen, bis sich aus der flüssigen Masse ein knetbarer Klumpen bildet.

7 Diesen knetbaren Klumpen auf deinem Backpapier platzieren, ein zweites darüberlegen und mit einem Nudelwalker ausrollen, aber nicht zu dünn!

8 Gut auskühlen lassen und in die gewünschte Form schneiden oder ausstechen und tunken. (Seite 7)

Frühlingsgarten

Für das „Topping“
essbare Blütenblätter, je bunter desto besser
(z.B. Gänseblümchen, Rosen, Flieder, Veilchen, Löwenzahn, Stiefmütterchen, Margeriten, Kapuzinerkresse,...)

500g Zucker

165g Wasser

Für die Mandeln
15-30 blanchierte Mandeln

100g Zucker

Für das Nougat
70g Haselnussnougat

20g Mandelmus

40g temperierte, weiße Kuvertüre auf Reisbasis

50g Hanfmehl

Ketsuro's Schoko-Empfehlung: ungetunkt lassen

Das „Topping“

1 Mindestens zwei Tage zuvor schon einmal die Blütenblätter kandieren. Dafür Zucker und Wasser auf 109°C kochen. Nur solange umrühren, bis es kocht, danach nur noch die Temperatur messen.
Bitte sei vorsichtig mit kochendem Zucker! Er ist sehr heiß!

2 Die Lösung in ein kühleres Gefäß umfüllen und ein wenig auskühlen lassen. Das Gefäß sollte weniger hoch als breit sein. Wenn die Zuckerlößung 1cm hoch steht, reicht das vollkommen.

3 Sobald die Lösung kühl genug ist um sie mit dem Finger zu berühren, können die Blütenblätter hinein gegeben werden. Dabei darauf achten, dass sie sich nicht großflächig berühren und sie mit der Lösung vollständig bedeckt sind.

4 Mit einem Geschirrtuch abdecken und über Nacht bei Raumtemperatur (optimal: 28°C) stehen lassen und warten. Bitte nicht umrühren! Es werden sich Zuckerkristalle an den Blütenblättern ansetzen.

5 Am nächsten Tag die Blätter aus der Lösung nehmen und auf Backpapier in einem möglichst trockenen Raum mindestens 24 Stunden abtrocknen lassen.

Die Mandeln

6 Zucker in einer Pfanne karamellisieren (bitte wieder sehr vorsichtig sein!), die Mandeln dazuschütten und schnell durchrühren.

7 Alles auf ein Backpapier gießen und so schnell wie möglich, noch bevor der Zucker aushärtet, die Mandeln voneinander trennen. Achtung heiß!

Die Praline

8 Haselnussnougat, Mandelmus (evt leicht erwärmen) und die weiße Kuvertüre verrühren und mit einem Mixer schaumig schlagen, nach und nach das Hanfmehl zugeben.

9 Die ausgekühlten Mandeln auf einem Backpapier verteilen und mit einem Dressiersack die Nougatmasse in gewünschter Form über die Mandeln dressieren.

10 Mit den getrockneten Blütenblättern dekorieren und kühl stellen.

Matcha-Krokant

100g Mandeldrink oder Kokosmilch

100g weiße Kuvertüre auf Reisbasis

2 TL Matcha

70g gehackte Mandeln

100g Zucker

Ketsuro's Schoko-Empfehlung: weiße Kuvertüre auf Reisbasis, etwas Matcha untergerührt

1 Pralinenformen ausgießen. (Seite 6)

2 Den Zucker in einem Topf karamellisieren. Dabei am besten etappenweise vorgehen: 1/3 des Zuckers schmelzen, sobald er flüssig ist, wieder 1/3 dazuschütten. Das letzte Drittel dazugeben, sobald wieder alles flüssig ist. Wenn man unerfahren ist, beugt das einem ungleichmäßigen Schmelzen und somit einem Entstehen von Zuckercoleur (= verbrannter Zucker) vor.

3 Den Topf vom Herd nehmen, zügig die gehackten Mandeln einrühren und schnell auf ein Backpapier gießen. Mit dem Kochlöffel glatt streichen. Auskühlen lassen.

4 Wenn deine Kuvertüre ein ganzer Block ist, dann die Kuvertüre so klein wie möglich brechen/schneiden/reiben.

5 Den Mandeldrink oder die Kokosmilch mit Matcha aufkochen und noch heiß über die Kuvertüre leeren. Gut zu einer homogenen Masse rühren.
Du kannst die Matcha-Menge natürlich variieren, je nachdem wie intensiv du den Geschmack gerne hättest.

6 Den mittlerweile festen Krokant aus Schritt 3 klein hacken und unter die Matcha-Ganache rühren. Wenn nötig noch auskühlen lassen. (Lippenprobe, Seite 6)

7 Die Pralinenformen füllen, kühl stellen, abstreichen. (Seite 6)

Deko-Tipp:

Im Handel gibt es fettlösliche Lebensmittelfarben, die für das Färben von Schokolade gedacht sind. Normale (wasserlösliche) Lebensmittelfarben würden sich nicht mit der Schokolade vermischen, da diese viel mehr Fett (Kakaobutter) als Wasser beinhaltet.
Bevor du die Pralinenformen ausgießt, könntest du ein wenig Kakaobutter mit Farbe anrühren und die Formen mit Hilfe eines Pinsels damit ausspritzen. (Mit dem Finger über die Pinselhaare streifen und somit Spritzer in den Formen erzeugen.) Dann hast du lustig bunte Pralinen. Aber Achtung: Viele Farben sind nicht vegan!

Chili-Karamell

300g Mandeldrink

300g Zucker

50g Glukose-Sirup

Gemahlene Chilis nach gewünschtem Schärfegrad

Ketsuro's Schoko-Empfehlung: dunkle Kuvertüre, oder weiße auf Reisbasis, der ein paar Chiliflocken beigemengt werden. Fertige Hohlkugeln eignen sich für dieses Rezept auch sehr gut.

1 Pralinenformen ausgießen (Seite 6)

2 Alle Zutaten in einem Topf miteinander kochen bis du ein Löffelchen entnehmen kannst und es nach Draufblasen ein wenig zähflüssiger wird. Auch wird sich die Farbe ins karamellige verändern. Das Kochen kann schon mal 1-3 Stunden dauern.
Falls du den Glukose-Sirup weglässt, kann es passieren, dass die Masse nach dem Auskühlen auskristallisiert. Schmecken tuts deswegen trotzdem gut :)

3 Die Masse gut auskühlen lassen. Wenn sie kühl genug ist, in die Pralinenformen dressieren.

4 Kühl stellen, Abstreichen. (Seite 6)

Goldene Milch

1 Pralinenformen ausgießen. (Seite 6)

2 Ingwer schälen und ein kleine Würfel schneiden, Kuvertüre klein hacken, falls ein ganzer Block gekauft wurde.

3 Mandeldrink, Kurkuma, Ingwerwürfel und schwarzen Pfeffer miteinander aufkochen und über die Kuvertüre leeren. Mit einem Stabmixer gut mixen, sodass auch die Ingwerstücke püriert werden. Auskühlen lassen und die Pralinenformen damit füllen.

4 Kühl stellen und abstreichen. (Seite 6)

Deko-Tipp:

Du musst dich nicht immer auf gekaufte Formen beschränken. Wenn du es ganz persönlich willst, kannst du auch deine eigenen Silikonformen machen. Dafür brauchst du lediglich lebensmittelechtes Silikon, einen Gegenstand, von dem du gerne ein Negativ hättest und einen kleinen Dessertring oder ähnliches. Achte bei dem Gegenstand darauf, dass es eine konische Grundform hat, sonst bekommst du die Praline später vielleicht nicht aus der Form. Bedenke auch, dass du nur die Form für eine Praline machen kannst, wenn du diesen Gegenstand nur ein Mal hast. Lebensmittelechtes Silikon ist leider auch relativ teuer, falls du einen Zahnarzt kennst, kannst du diesen danach fragen. Das Silikon, das Zahnärzte benutzen um Gebissabdrücke zu machen eignet sich bestens.

100g Mandeldrink

3g Kurkuma

90g Ingwer

1 Msp gemahlener schwarzer Pfeffer

100g weiße Kuvertüre auf Reisbasis

Ketsuro's Schoko-Empfehlung: weiße Kuvertüre auf Kokosbasis, ein wenig Kurkuma untergerührt

Guten Tag!

Mein Name ist Nikolai Verao. Ich komme nicht aus der Gegend hier. Die Firma, für die ich arbeite hat hier einen Standort, also gehen die meisten meiner sehr häufigen Geschäftsreisen an dieses nette Örtchen.

Ich habe einen Freund zu Hause, Alejandro. Also... ich bin mir nicht sicher, ob ich ihn Freund nennen darf, wir haben eigentlich noch nie darüber gesprochen, aber klar ist, wenn ich hier bin und er dort, vermisse ich ihn schon sehr.

Wir kochen gerne zusammen und wenn wir länger getrennt sind, schicken wir uns gegenseitig Kekse oder Pralinen.

Das macht es etwas einfacher, für mich zumindest.

– Niko

Sommer
Hallo Milo!
Rosen sind rot
Veilchen sind blau,
du bist so
sexy...
bitte heirate mich!
XOXO

Himbeereis

75g Schlagcreme

100g Lupinenjoghurt (alternativ Sojajoghurt) natur

50g Zucker

100g tiefgekühlte Himbeeren

1/4 Banane

etwas frischer Zitronensaft

Nikolai's Schokoempfehlung: dunkle Kuvertüre

1 Pralinenformen ausgießen. (Seite 6)

2 Die Schlagcreme steif schlagen.

3 Den Joghurt mit dem Zucker und Zitronensaft verrühren. Schrittweise die Himbeeren und die Banane zufügen und alles mit einem Stab- oder Standmixer fein pürieren.

4 Die geschlagene Schlagceme unterheben, die Pralinenformen füllen und abstreichen. (Seite 6)

Hinweis

Diese Pralinen müssen natürlic tiefgekühlt aufbewahrt und verzehrt werden. Einen etwas längeren Transpo sollten sie aber trotzdem überleben, solange beim Ausgießen un Abstreichen sorgfältig gearbeitet wird. Falls du die Pralinen verschenks solltest du die richtige Lagerung vielleicht erwähne - ich spreche da aus Erfahrung *ahem* Aber auch im zimmerwarmen Zustand schmecken die Praline gut, sie sollten nur nicht allzu lange so aufbewahrt werden.

Schlagcreme lässt sich wie Schlagobers verarbeiten. Im Gegensat zum traditionellen Milchprodukt gibt es sie auch in veganen Varianten. Geschmacklich besteht ein Unterschied, aber nachdem du noch ander Zutaten unterrührst, ist dieser im fertigen Produkt nicht mehr merkba Es gibt verschiedene Marken, die alle unterschiedlich standfes sind. Aber sie haben alle eines gemeinsam: Sie sollten möglichs kühl aufgeschlagen werden. Also auch wenn du eine kaufst, di nicht im Kühlregal steht, stelle sie vor dem Aufschlagen in de Kühlschrank. Am Besten kühlst du sogar die Schüsse

Orangenmarzipan

1 Pralinenformen ausgießen. (Seite 6)

2 Die Schale der Orange fein reiben und Orangensaft auspressen.

3 Den Marzipan mit der Orangenschale, dem Staubzucker und den gemahlenen Nelken gut verkneten. Soviel vom Orangensaft hinzugeben, bis eine dressierfähige Masse entsteht.

4 Die Formen mit dem Marzipan füllen, kühlstellen und abstreichen. (Seite 6)

100g Rohmarzipan

1 unbehandelte Orange

20g Staubzucker

1 Msp gemahlene Nelken

Alejandro's Schoko-Empfehlung: dunkle Kuvertüre

HMMM HIMBEEREIS UND ORANGENMARZIPAN. ER WEIß EINDEUTIG, WIE MAN MEIN HERZ EROBERN KANN!

Deko-Tipp:
Es gibt Fruchtpasten/Aromapasten, unter anderem auch Orange, die du unter temperierte Kuvertüre rühren könntest. Diese färben und aromatisieren. Entweder gießt du damit dann gleich die Pralinenformen aus, oder du verzierst die Pralinen dann damit.
In der Anschaffung sind diese Pasten allerdings recht teuer, dafür kommt man lange damit aus. Ich würde dir auf jeden Fall auch raten, vor dem Kauf die Inhaltsstoffe zu studieren. Da gibt es große Qualitätsunterschiede!

Zitronentrüffel

100g Mandeldrink oder Kokosdrink

1 ubehandelte Zitrone

100g weiße Kuvertüre auf Reisbasis

20g Semmelbrösel

Nikolai's Schoko-Empfehlung: weiße Kuvertüre auf Kokosbasis

1 Die Zitrone halbieren und auspressen. Eine Hälfte der Schale fein würfeln, die andere Hälfte fein reiben.

2 Die Semmelbrösel anrösten und beiseite stellen.

3 Den Mandel- oder Kokosdrink mit der gewürfelten Zitronenschale kochen, bis sich die Flüssigkeit auf ca. 2/3 reduziert hat.

4 Die heiße Mandelmilch durch ein Sieb über die Kuvertüre gießen und gut umrühren, bis sich die Kuvertüre komplett aufgelöst hat. Bei Bedarf ein paar Sekunden in die Mikrowelle oder in ein warmes Wasserbad stellen.

5 Den Zitronensaft ein wenig erwärmen und gemeinsam mit dem Abrieb der Zitronenschale einrühren.

6 Zum Schluss die gerösteten Semmelbrösel unterrühren, die Schüssel luftdicht abdecken und mindestens 4 Stunden oder über Nacht im Kühlschrank ruhen lassen.

7 Kugeln formen und nach nochmaligem, kurzen Kühlstellen in Kuvertüre tunken oder einfach nur in Kristallzucker wälzen.

Deko-Tipp:

Tauche deine Hände in etwas temperierte Kuvertüre und rolle dann die Pralinen dazwischen, als würdest du eine Kugel formen wollen. Setze sie dann auf ein Backpapier weg. Diese Methode eignet sich besonders für kugelförmige Pralinen. Sie sehen dann aus wie kleine Igel. Je kälter deine Hände bei dieser Prozedur sind, desto stacheliger wird das Ergebnis.

Adzuki-Gelee

Hinweis:

Wer öfter mal mit Agar-Agar arbeitet oder schon vegane Gummibärchen auf dessen Basis gekostet hat, weiß, dass er nicht die bissfestere Konsistenz von Gummibärchen erwarten darf, die mit Gelatine erzeugt werden.

Eine kleine Info dazu:
Gelatine und Agar-Agar sind Geliermittel, wobei Gelatine aus tierischen Proteinen gemacht wird, die aus dem Bindegewebe (hauptsächlich Häute und Knochen) von meistens Schweinen und Rindern gewonnen wird. Agar-Agar wird aus pflanzlichem Vielfachzucker gewonnen, der aus Zellwänden von Rotalgen gelöst wird.

25g Adzuki-Bohnen

30g Wasser

80g Zucker

¼ TL Agar-Agar

Alejandro's Schoko-Empfehlung: dunkle Kuvertüre oder ohne

1 Am Vortag die Adzuki-Bohnen über Nacht in reichlich Wasser einweichen.

2 Die Adzuki-Bohnen weich kochen. Das dauert ungefähr 3 Stunden. Bei Bedarf zwischendurch Wasser nachgießen!

3 Die weichen Bohnen sehr fein pürieren und mit Wasser, Zucker und Agar Agar ungefähr 2 Minuten lang kochen.

4 Alles in Förmchen oder in einen Backrahmen füllen und kalt stellen, am besten über Nacht.

5 Sobald die Geleepralinen fest sind, aus den Formen drücken, bzw. den Backrahmen abnehmen und in die gewünschte Größe schneiden. Tunken. (Seite 7)

Kokos-Lavendel

50g temperierte, weiße Kuvertüre auf Kokosbasis

2g gepuffter Amaranth

2g gepuffter Quinoa

1 Msp Mark einer Vanilleschote

1 Tropfen ätherisches Lavendelöl

Nikolai's Schoko-Empfehlung: dunkle Kuvertüre

1 Das Lavendelöl zur Kuvertüre zugeben und gut durchrühren.
Ätherische Blütenöle schmecken sehr intensiv und nicht jeder mag den blumigen Geschmack. Also ein Tropfen genügt wirklich!
Falls der Geschmack trotzdem noch zu stark ist, kannst du ruhig mehr Kuvertüre verwenden.
Ausserdem muss es ja nicht unbedingt Lavendel sein. Flieder- und Rosenöl haben wir auch schon getestet und für gut befunden.
Wenn du das ätherische Öl weglässt, hast du trotzdem noch eine schmackhafte, leicht knusprige Kokospraline.

2 Amaranth, Quinoa und Vanillemark ebenfalls unterrühren und in Förmchen pressen, Plätzchen auf Backpapier oder Kügelchen formen.

3 Kühl stellen und tunken. (Seite 7)
Hier ist das Tunken theoretisch nicht notwendig, da die Füllung aus Zutaten besteht, die nicht so schnell schlecht werden können - aber es sieht einfach so viel schöner aus.

Hinweis:

Gepufften Amaranth und Quinoa bekommst du üblicherweise in großen Lebensmittelsupermärkten, Reformhäusern oder auch gewissen Drogerien.

Deko-Tipp:

Man kann ja auch mal mehrere Pralinen miteinander kombinieren. Hier habe ich die Kokos-Lavendel-Pralinen auf Frühlingsgarten-Pralinen gesetzt und aus Modelliermarzipan kleine Blümchen trappiert. Ich glaube, so etwas verschenke ich nächstes Jahr zu Ostern...

Minzmango

1 Mango

40g frisch gepresster Orangensaft

6 Minzblätter

1 Msp gemahlener Kurkuma

¼ TL Agar Agar

Alejandro's Schoko-Empfehlung: dunkle Kuvertüre oder ohne. Diese Pralinen haben eine sehr schöne Farbe :)

1 Die Mango schälen und den Kern entfernen, die Minzblätter klein hacken.

2 Das Mangofleisch pürieren und mit den restlichen Zutaten gut verrühren.

3 Alles gemeinsam aufkochen und ca. 2 Minuten kochen lassen.

4 In Pralinenförmchen oder in einen Backrahmen füllen und am besten über Nacht kalt stellen. Dabei darauf achten, dass die Minzblätter gleichmäßig verteilt sind. Wer keine ganzen Minzblattstückchen in seinen Pralinen haben will, kann natürlich alles vorher durch ein sieb gießen, aber Achtung, Agar-Agar geliert sehr schnell, also zügig arbeiten!

5 Aus den Formen drücken, bzw. den Backrahmen vorsichtig abnehmen und in Stücke schneiden oder ausstechen sobald die Geleepralinen fest sind. Tunken.
Oder auch nicht ;)

MINZMANGO?! DIE SEXIESTEN PRALINEN ÜBERHAUPT!

KYAAAA

Ich bin Rakuyo Aki.
Wie? Du findest ich sehe anders aus als die anderen?
Dir ist also aufgefallen, dass ich der gutaussehenste bin
von allen, wie aufmerksam von dir!
Ich geb's zwar nicht gern zu, aber ich liebe Süßes.
In der Küche selbst bin ich vielleicht nicht der Beste,
aber wenn alles erledigt ist, helfe ich immer gerne
beim Essen. Manchmal aber versuche natürlich auch ich
mein Glück in der Küche und auch wenn es sonst oft
nichts wird, kann ich mit Fug und Recht behaupten,
dass meine Weichkrokant-Pralinen die allerbesten sind!

Ach ja, und da ist noch Berta, die olle Backfee...
Meisterin in ihrem Handwerk, zumindest, wenn es
nach ihr geht. Sie meint mein Weichkrokant wäre
mittelmäßig. Pah!
Obwohl sie so klein ist, ist es ziemlich schwer, sie zu
ignorieren...

– Rakuyo

Herbst

Mandel-Schichtnougat

70g temperierte, weiße Kuvertüre auf Reisbasis

50g Mandelmus

ungezuckertes Kakaopulver

Rakuyo's Schoko-Empfehlung: einfach mal nackig lassen ;)

1 Die Kuvertüre und das Mandelmus gut miteinander verrühren und die Masse dritteln.

2 Das erste Drittel der Masse so in den Pralinenformen verteilen, dass in jeder noch genug Platz für die anderen beiden Drittel bleibt. Auf der Arbeitsfläche aufklopfen (Luftblasen rausklopfen) und kühl stellen.

3 Ein wenig Kakaopulver in das zweite Drittel einrühren, bis der gewünschte Farbton erreicht ist. Sobald das Nougat in den Formen fest ist (das dauert nur ein paar Minuten), das nächste Drittel mit dem dunkleren Nougat auffüllen, wieder aufklopfen und Kühlstellen.

4 Schritt 3 wiederholen, dabei die Formen vollständig anfüllen. Sobald alles fest ist, die fertigen Pralinen aus den Formen lösen.

MIR EGAL, WAS DU SAGST, AUCH MEINE MANDEL-SCHICHTNOUGAT-PRALINEN SIND TOLL!

NA WENN DU MEINST.

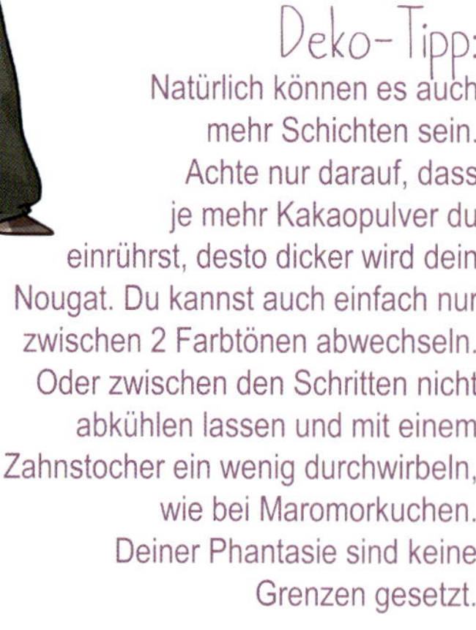

Deko-Tipp:

Natürlich können es auch mehr Schichten sein. Achte nur darauf, dass je mehr Kakaopulver du einrührst, desto dicker wird dein Nougat. Du kannst auch einfach nur zwischen 2 Farbtönen abwechseln. Oder zwischen den Schritten nicht abkühlen lassen und mit einem Zahnstocher ein wenig durchwirbeln, wie bei Maromorkuchen. Deiner Phantasie sind keine Grenzen gesetzt.

Kürbiskern-Krokant

1 Pralinenformen ausgießen. (Seite 6)

2 Die Kürbiskerne ein wenig zerkleinern. Dafür könntest du sie in ein Plastiksackerl füllen und mit einem Nudelwalker drüberrollen.

3 Den Zucker in einer Pfanne karamellisieren. Die Kürbiskerne dazuschütten, gut verrühren und dann möglichst glatt auf einem Backpapier verteilen und abkühlen lassen. (Bitte mit heißem Zucker sehr vorsichtig sein!)

4 Sobald die Masse ausgehärtet ist, wieder mit der Plastiksackerlmethode zerkleinern oder ganz kurz mit einem Standmixer bearbeiten, sodass kleine Krokant-Stückchen entstehen, aber er nicht zu fein wird. Es soll ja schließlich noch „crunchen".

5 Die weiße Kuvertüre im Wasserbad oder in der Mikrowelle schmelzen. Falls nicht schon Chips gekauft wurden, vorher klein hacken oder reiben!

6 Das Mandelmus in der Mikrowelle etwas erwärmen, damit es weicher wird.

7 Kuvertüre und Mandelmus gut miteinander verrühren.

8 Schlückchenweise Kürbiskernöl einrühren nach gewünschter Farbe und Geschmacksintensität. Dabei darauf achten, dass die Masse nicht zu flüssig wird.

9 Zum Schluss den Krokant einrühren.

10 Die Pralinenformen damit füllen, kühl stellen und abstreichen. (Seite 6)

100g Mandelmus

30g weiße Kuvertüre auf Reisbasis

Kürbiskernöl

30g Kürbiskerne

50g Zucker

Berta's Schokoempfehlung: dunkle Kuvertüre

Deko-Tipp:

Gerade bei runden oder quadratischen pralinen macht es viel her, wenn man sie nochmals tunkt und direkt in geriebenen Nüssen, Kokosette, bunten Zuckersteuseln, Kakaopulver, Puderzucker oder was auch immer wälzt.

gesalzener Weichkrokant

100g Mandelstifte

100g Zucker

70g Mandeldrink

Salz nach Geschmack

Rakuyo's Schoko-Empfehlung: dunkle Kuvertüre

1 Die Mandelstifte mit der Hand ein wenig zerkleinern und in der Mikrowelle erwärmen.

2 Den Zucker zu hellem Karamell schmelzen. Dabei am besten etappenweise vorgehen, also ca. 1/3 auflösen, sobald er flüssig ist, das nächste Drittel dazu geben und zum Schluss den Rest beimengen und hell karamellisieren lassen. (Also sobald er anfängt braun zu werden, gleich zu Schritt 3 übergehen.)

3 Die Mandelstifte dazuschütten und gut verrühren. Gegebenfalls den Topf vom Herd nehmen, da das Karamell schnell nachdunkelt.

4 Den Mandeldrink dazuschütten. Achtung, das zischt und spritzt!. Gut verrühren und alles bis 118°C kochen. Die ganze Masse reduziert sich etwas. Mandeldrink nachschütten ist nicht notwendig!

5 Zum Schluss noch das Salz zügig einrühren und alles auf ein Backpapier schütten. Glatt streichen und viereckig formen um später möglichst wenig Verschnitt zu haben. Falls auf beiden Seiten eine glatte Oberfläche erwünscht ist, kann man ein 2. Backpapier darüberlegen und mit einem Nudelwalker vorsichtig drüberrollen, dabei drauf achten, dass das Ganze nicht zu dünn wird.

6 Ungefähr eine halbe Stunde bei Zimmertemperatur auskühlen lassen, mit einem scharfen Messer in die gewünschte Form schneiden und tunken. (Seite 7)

Kiwi-Mohn

100g Mandeldrink

100g weiße Kuvertüre auf Reisbasis

50g gequetschter Graumohn

Mark einer Vanilleschote

½ Kiwi

Rum

Zucker

Berta's Schoko-Empfehlung: dunkle Kuvertüre

1 Mindestens am Vortag (oder früher) die Kiwi schälen und in Würfel schneiden. Die Würfel sollten so groß sein, dass sie auf jeden Fall noch in die Pralinenförmchen passen.

2 Die Kiwiwürfel in ein verschließbares Glas füllen und mit Rum und Zucker ca. im Verhältnis 1:1 auffüllen. Das Glas verschließen und mindestens über Nacht dunkel und bei Raumtemperatur stehen lassen.

3 Pralinenformen ausgießen. (Seite 6)

4 Mandeldrink, Vanilleschotenmark und Mohn aufkochen und noch im heißen Zustand über die weiße Kuvertüre leeren. Wenn keine Kuvertüre-Chips gekauft wurden, die Kuvertüre vorher Reiben oder klein hacken!
Alles gut verrühren, bis sich die Kuvertüre vollständig aufgelöst hat, gegebenenfalls mit einem Stabmixer nachhelfen.

5 Die Ganache nun abkühlen lassen und in die Pralinenförmchen jeweils einen kleinen Tupfen machen, entweder mit einem kleinen Löffel oder mit Hilfe eines Dressiersacks.

6 Auf die Tupfen jeweils ein Stück Kiwi geben, festdrücken und kurz kalt stellen. Diese Prozedur verhindert ein Aufschwimmen der Kiwis beim Füllen mit Ganache.

7 Nun die Pralinen vollständig mit der Mohnganache auffüllen, kalt stellen und abstreichen. (Seite 6)

Hinweis:

Der Alkohol in dieser Praline bietet eine konservierende Wirkung, da Obst schneller schlecht wird, als „übliche“ Pralinenzutaten.
Falls eine alkoholfreie Version dieser Praline erwünscht ist, kann die Kiwi auch in Läuterzucker eingelegt werden. Dazu einfach Wasser und Zucker 1:1 kurz aufkochen, auskühlen lassen und dann die Kiwiwürfel darin ziehen lassen.
Natürlich kann man die Kiwis auch ohne Alkohol- oder Läuterzuckerbehandlung verwenden, dann sollte man aber auch darauf achten, dass die Pralinen alsbald verzehrt werden!

Es gibt 3 verschiedene, gebräuchliche Mohnsorten: Blau-, Grau- und Weißmohn, wobei der Graumohn am ehesten für Süßspeisen geeignet ist. In den meisten Fällen ist er beim Kauf schon gequetscht, andernfalls kann man mit einem Mörser nachhelfen. Verarbeitet man den Mohn ungequetscht, ist das Aroma viel weniger intensiv. Wenn du im Supermarkt „Mohn gemahlen“ kaufst, ist das in den meisten Fällen gequetschter Graumohn.

Maroni-Haselnuss

100g ungesüßtes Maronipüree

80g Staubzucker

50g gehackte Haselnüsse

evt. Etwas Rum

Rakuyo's Schoko-Empfehlung:
Dunkle Kuvertüre

1 Pralinenförmchen ausgießen. (Seite 6)

2 Falls die Haselnüsse nicht schon geröstet gekauft wurden, in einer Pfanne ohne Öl kurz anrösten.

3 Maronipüree und Staubzucker gut miteinander verrühren, am besten mit einem Stabmixer. Wer mag, kann etwas Rum hinzufügen, aber vorsicht, dass die Masse nicht zu flüssig wird!
Ungesüßtes Maronipüree ist oft etwas flüssiger als gesüßtes, aber auch hier gibt's Unterschiede zwischen verschiedensten Marken.

4 Die Haselnüsse unterrühren und die Pralinen damit füllen. Kalt stellen und abstreichen. (Seite 6)

...ABER VIELLEICHT, WENN ICH MEHR ÜBE, WERDEN SIE NOCH BESSER!

...

Deko-Tipp:
Wenn du deine Pralinen mit andersfarbiger Kuvertüre verzieren willst, kannst du die fertigen Pralinen beispielsweise filieren (also Linien zeichnen). Du kannst das aber auch schon die unausgegossenen Pralinenformen bearbeiten, kurz anziehen lassen und dann erst ausgießen, dann ist die andersfarbige Kuverüre wie eingearbeitet und steht nicht von der Praline ab.

Birnenkompott

1 Pralinenformen ausgießen. (Seite 6)

2 Die Birne schälen und in möglichst kleine Würfelchen schneiden.

3 Zucker, Wasser, Birnenstücke und Nelkenpulver auf 107°C kochen, danach auskühlen lassen.

4 Die Stärke in den Backofen stellen, damit sie richtig trocken wird! Eine Stunde bei 100°C sollte reichen, wer sicher gehen will, beginnt mit dieser Prozedur rechtzeitig und stellt die Stärke für ca. 6 Stunden bei ca. 60°C in den Backofen.

5 Wenn das Birnenkompott kühl genug ist, den Rum unterrühren (wenn Kinder auch davon essen, dann bitte nicht!), die Formen damit füllen. Ruhig bis zum Rand auffüllen, die Flüssigkeit geht später etwas zurück.

6 Nun mit einem Sieb die Stärke schön dicht über die Formen verteilen. Sie sollen wirklich gut bedeckt sein!

7 Über Nacht die Formen bei Zimmertemperatur stehen lassen. Es bildet sich eine Zuckerkruste.

8 Am nächsten Tag die Pralinenformen so gut wie möglich von der Stärke befreien. Ein Backpinsel leistet dabei gute Dienste!

9 Abstreichen. (Seite 6)

250g Zucker

100g Wasser

½ Birne

Eine Prise Nelkenpulver

Ein Schuss Rum

~ 100g Weizen- oder Maisstärke

Berta's Schoko-Empfehlung: helle Kuvertüre auf Reisbasis

Deko-Tipp:

Es gibt sogenannte Transferfolien. Das sind Folien, die mit gefärbter Kakaobutter bedruckt sind (auch nicht immer vegan!), auf die die noch flüssige Kuvertüre aufgetragen wird um dann das aufgedruckte Motiv an die Praline abzugeben. In Kombination mit Polycarbonatformen mit abnehmbarer, magnetischer Rückseite (dazwischen kann man die Folien dann einklemmen) kann man süße Motive auf die Oberfläche der Pralinen transferieren. Diese magnetischen Formen sind allerdings nochmal teurer als normale. Leider.

Hallo!

Ich heisse Yukio Fuyu und ich bin Konditor mit Leib und Seele. So mancher kennt mich als Typ vor der Kamera in der Fernseh-Show „Pai & Keeki". Diese Sendung ist mein ganzer Stolz und mit meinem Assistenten macht der Dreh eigentlich immer Spass, auch wenn er sich gerne als Star der Show sieht. Öfter mal werde ich gefragt, ob ich eine Freundin habe, aber wenn man eine Sendung leitet, bleibt nicht viel zeit für Beziehungen. Ich lebe für meine Fans!

- Yukio

Winter

Pflaumen-Marzipan

200g Rohmarzipan

100g Trockenpflaumen

1 Msp gemahlene Nelken

1 Msp Vanilleschotenmark

Etwas Rum

Ca. 7 Stück Trockenpflaumen (je nach Größe mehr oder weniger)

Yukio's Schoko-Empfehlung: dunkle Kuvertüre

1 Rohmarzipan und Trockenpflaumen miteinander pürieren. Dadurch, dass beides sehr zäh ist, kann sich das oftmals als kleine Herausforderung für den Stab- oder Standmixer erweisen, da die Masse gern am Rand kleben bleibt. Nur nicht verzweifeln!

2 Nelkenpulver und Vanilleschotenmark unterkneten. Falls die Masse zu fest ist, kann etwas Rum untergeknetet werden. Darauf achten, dass es formbar bleibt und nicht zu klebrig wird!

3 Den Marzipan zwischen 2 Backpapieren auf die gewünschte Stärke ausrollen und kühl stellen, damit sich das Ganze ein wenig verfestigt.

4 Wenn der Marzipan etwas abgekühlt ist, kann er in die gewünschte Form geschnitten oder ausgestochen werden. Eventuell ist es nötig mit den Fingern etwas nachzuformen, da er am Rand gerne mal ausfranst.

5 Die extra Pflaumenstücke kleiner schneiden und vorsichtig auf den Marzipan drücken. Tunken. (Seite 7)

Deko-Tipp:

Wenn du getunkte Pralinen mit andersfarbiger Kuvertüre verzieren willst, rate ich dir das zu tun solange die Kuvertüre noch nicht angezogen ist. Das ergibt ein schöneres Bild, da die andersfarbige Kuvertüre noch ein wenig einsinken kann und dann nicht so sehr von der Praline absteht.

Schoko-Banane

100g Mandeldrink

2 Bananen

80g dunkle Kuvertüre

Yukio's Schoko-Empfehlung:
dunkle Kuvertüre

1 Pralinenformen ausgießen. (Seite 6)

2 Den Mandeldrink und die Bananen gut miteinander pürieren und aufkochen.

3 Die noch heiße Flüssigkeit über die Kuvertüre leeren. Die Kuvertüre vorher klein hacken oder raspeln, wenn sie nicht schon in Chips-Form gekauft wurde.
Gut verrühren, bis sich die Kuvertüre aufgelößt hat. Bei Bedarf mit einem Stabmixer nachhelfen, aber keine Luft einmixen!

4 Auskühlen lassen, Formen befüllen und abstreichen. (Seite 6)

Deko-Tipp:
Bei geeigneter Oberfläche kannst du mit temperierter Kuvertüre Muster aufdressieren und dann noch im zähflüssigen Zustand in Krokant, geraspelte Schokolade, geriebene Nüsse oder was auch immer tauchen.
Die Zutaten bleiben auf dem Muster kleben :)

Lebkuchen Crunch

25g Cornflakes

170g temperierte, weiße Kuvertüre auf Reisbasis

4 Msp gemahlener Zimt

4 Msp gemahlener Ingwer

3 Msp gemahlener Koriander

5 Msp gemahlene Gewürznelken

eine Prise gemahlene Muskatnuss

eine Prise gemahlener schwarzer Pfeffer

Yukio's Schoko-Empfehlung: dunkle Kuvertüre

1 Die Cornflakes grob zerkleinern. Einfach mit der Hand zerdrücken.

2 Die Kuvertüre mit den Gewürzen verrühren.

Die Mengenangaben dienen hier nur zur ungefähren Orientierung. Ich mag meine Lebkuchen gerne ein wenig schärfer durch den Ingwer, aber viele sagen „Yukio, es darf auch mal zimtiger sein!" Also am Besten ausprobieren und kosten, so lange bis es passt. Aber nicht alles aufnaschen ;)

3 Cornflakes und Kuvertüre vermischen und kleine Häufchen auf ein Backpapier setzen. Alternativ kannst du die Masse auch in Förmchen pressen. Allerdings wird die Form dann nicht sehr gut erkennbar sein, aber es hilft dabei, dass die Pralinen im Endeffekt die gleiche Größe haben.

4 Tunken. Recht schön ist es, wenn man die Pralinen nur zur Hälfte Tunkt, das geht ganz gut, da die Füllung nicht wirklich schlecht werden kann. Falls du spitze Pralinen geformt hast, könntest du auch nur ein bisschen Kuvertüre „runterdrippen" lassen. Oder du lässt deiner Kreativität freien Lauf und machst etwas ganz Verrücktes!

Spekulatius

1 Mindestens einen Tag zuvor die Mandarine schälen, so gut wie möglich von der Haut befreien und in kleine Stücke schneiden.
Wenn dir diese Arbeit zu mühsam ist, kannst du auch Dosenmandarinen verwenden, die sind so starkt gezuckert, dass die konservierende Eigenschaft so ziemlich die gleiche ist.

2 Die Mandarinenstücke in ein verschließbares Glas geben und mit Rum und Zucker im Verhältnis 1:1 auffüllen. Dabei darauf achten, dass die Mandarinenstücke auch alle mit Flüssigkeit bedeckt sind!
Das Glas gut verschließen und über Nacht stehen lassen.
Bei den Dosenmandarinen wäre dieser Schritt natürlich nicht notwendig.

3 Pralinenformen ausgießen. (Seite 6)

4 Aus Wasser und Rosentee eine kleine Portion Tee kochen. Nicht zu viel, du brauchst maximal ein paar Teelöffel davon. Er kann ruhig sehr intensiv schmecken!
Auf Zimmertemperatur auskühlen lassen.

5 Den Fondant kurz in der Mikrowelle erwärmen, sodass er knetbar wird, aber nicht schmelzen lassen. Schlückchenweise den Rosentee unterkneten, bis der Fondant eine dressierfähige Konsistenz bekommt.

6 Für die Spekulatiuscreme alle Zutaten gut miteinander verrühren. Das Mandelmus dafür eventuell ein wenig erwärmen.

7 Nun ein wenig von dem Rosenfondant in die Pralinenformen dressieren, ein Mandarinenstück darauf platzieren und den Rest mit der Spekulatiuscreme auffüllen.

8 Kühl stellen und abstreichen. (Seite 6)

Für die Mandarinen
1 Mandarine

Rum

Zucker

Für den Rosenfondant
Rosentee

Wasser

50g Fondant

Für die Spekualtiuscreme
50g Mandelmus

30g Staubzucker

4 Msp gemahlener Zimt

1 Msp gemahlene Muskatnuss

1 Msp Pfeffer

1 Msp gemahlene Nelken

1 Prise Anis

Yukio's Schoko-Empfehlung: helle Kuvertüre auf Reisbasis

Vanillekipferl

Für die Vanille"kipferl"
90g Staubzucker

190g glattes Mehl

70g geriebene Haselnüsse/ Walnüsse

Mark einer Vanilleschote

80g geschmacksneutrales Öl

Für die Pralinenfüllung:
Die Vanille-"kipferl"

10-20g geschmacksneutrales Öl
z.B. Raps- oder Sonnenblumenöl

5g Vanillezucker

Yukio's Schoko-Empfehlung: weiße Kuvertüre auf Reisbasis

1 Pralinenformen ausgießen. (Seite 6)

2 Zuerst die Vanille"kipferl" machen. Dafür alle trockenen Zutaten miteinander versieben.

1 Das Öl zugeben und gut miteinander verkneten.

2 Den Teig gut luftdicht verpackt ca. eine Stunde im Kühlschrank rasten lassen.

3 Den Teig backen bei 175°C, ca. 15 Minuten.
Es ist nicht nötig, Kipferl zu formen, da sie nach dem Backen weiterverarbeitet werden. Abgesehen davon, lässt die Konsistenz des Teiges das Formen gar nicht zu, bedingt durch das Öl statt der Butter bzw. Margarine Am besten den Teig wie Streusel (zerbröselt) einfach gleichmäßig am Backblech verteilen. Beim Backen gelegentlich durchrühren. Danach gut auskühlen lassen

4 Für die Füllung ca. 2/3 der „Kipferl" mit dem Öl und dem Vanillezucker in den Standmixer geben und gut pürieren. Bei Bedarf die Ölmenge erhöhen. Es sollte eine cremige, aber nicht zu weiche Konsistenz ergeben.

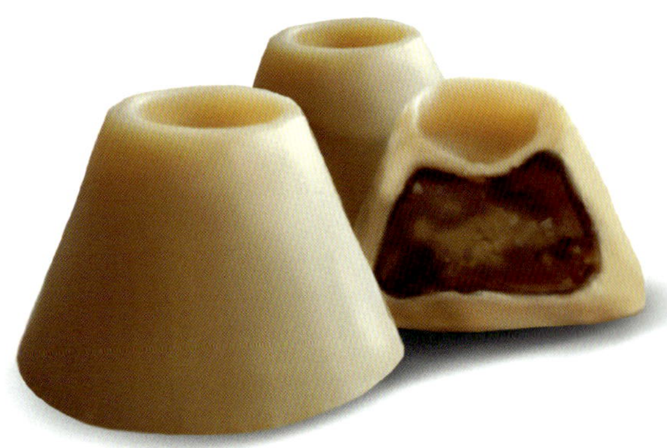

5 Je nach gewünschtem „Crunchygrad" den rest der „Kipferl" unterrühren. Darauf achten, dass keine zu großen Stücke mit eingerührt werden, schließlich muss das alles noch in die Formen passen!

6 Die Formen füllen, kühl stellen und abstreichen. (Seite 6)

Deko-Tipp:
Dekoration kann auch ganz banal sehr schön sein. Einfach mal ein Stück Vanille"kipferl" mit etwas temperierter Kuvertüre ankleben. Auch in der Natur findet man viel Pralinen-Dekoration. Walnüsse zum Beispiel. Wer's ganz fancy mag kann auch mit kleinen Stückchen Blattgold arbeiten. Einfach mal essbares Zeug auf Pralinen kleben!

Apfelstrudel

1 Die Walnüsse mit Hilfe eines leistungsstarken Standmixers fein mahlen. Da Nüsse einen natürlichen Fettgehalt haben, kann es sein, dass sie sich am Rand festkleben und du immer wieder umrühren musst. Bitte das Gerät abstecken, wenn du das tust.

2 Nach und nach Staubzucker und Zimt zugeben. Zum Schluss noch händisch etwas verkneten.

3 Eine der Apfelscheiben in kleine Stücke brechen, etwa so groß wie die Rosinen und beiseite legen. Den Rest im Standmixer ganz kurz hacken.

4 Die gehackten Äpfel mit dem Nuss-Zucker-Gemisch gut verkneten. Falls die Masse zu trocken ist, etwas Rum beimengen um das Ganze ein wenig knetbarer zu machen. Ca. eine Stunde (oder länger) kühl stellen.

5 Die Masse zu Kugeln formen, in dessen Mitten sich jeweils eine Rosine und eines der Apfelstücke befindet.

6 Tunken (Seite 7) und wenn gewünscht in Semmelbrösel vermischt mit Kristallzucker wälzen. Dafür die Semmelbrösel vorher kurz ohne Fett in der Pfanne anrösten.

150g Walnüsse

90g Staubzucker

5g Zimt

1 Hand voll getrocknete Apfelscheiben

Rum

15-30 (Rum-)Rosinen

evt. Semmelbrösel und Kristallzucker

Yukio's Schoko-Empfehlung: weiße Kuvertüre auf Reisbasis, ein wenig Zimt eingerührt.

Das Sweet Seasons-Team

Zum Gruße!

Mein Name ist Isius und ich hatte das Vergügen, die leckeren Pralinen dieses Buches zeichnen zu dürfen, sowie beim Entwurf und Mitgestalten der Charaktere helfen zu dürfen. Ich komme aus Niederösterreich, bin selbstständige Illustratorin und studiere nebenbei Medientechnik und Design. Ich hoffe, dass du mindestens so viel Freude an dem Buch findest, wie ich am Zeichnen der kleinen Köstlichkeiten und wünsche die viel Spaß beim Zubereiten!

Hallöchen!

(ノ´ワ´)ノ*: ・°

Ich bin die Phie und war bei diesem Projekt für einen Teil der Illustratoinen zuständig! Im Moment studiere ich Japanologie und verbringe die meiste Zeit mit Japanisch lernen. Doch natürlich wird auch fleißig gezeichnet und seit Neuestem auch gestrickt. Ich hoffe von Herzen, dass dir dieses Buch so manchen Nachmittag versüßen wird! ♡

Huhu! :)

Lace nennt man mich und ich bin gelernte Zuckerbäckerin, großer Anime- und Mangafan und Katzenliebhaberin. Das Projekt „Sweet Seasons" habe ich ins Leben gerufen, weil ich glaube, dass es gerade heutzutage unglaublich wichtig ist zu wissen, was in dem, was man isst, drin ist - selber machen heißt die Devise! Jeder kann kulinarische Meisterleistungen vollbringen, es bedarf nur der richtigen Anleitung, dann ist auch das aufwändigste Rezept ein Kinderspiel. Normale Rezeptbücher fand ich schon immer etwas langweilig. Warum nicht mit etwas kombinieren, das man gerne ansieht? Höhöhö

Danke
für's
Durchblättern! Wir
hoffen, dass du in diesem Buch
ein paar Inspirationen für deine
kulinarischen Werke finden konntest!

Wenn du Rezepte ausprobiert hast,
kannst du uns gerne Fotos schicken und
uns berichten wie du sie fandest, wir freuen
uns immer sehr über Nachrichten :)

Auf
www.sweetseasons.at
kannst du uns jederzeit kontaktieren <3

Wir möchten uns ganz, ganz herzlich bei all unseren Unterstützern bedanken!

Ganz besonderer Dank gilt in diesem Zusammenhang:

- Dir, denn entweder hast du dieses Buch gekauft, gewonnen oder geschenkt bekommen. In allen drei Fällen bist du etwas Besonderes für uns!
- Miggles (Christoph Mold), der uns sehr viel Organisatorisches abgenommen hat und in der Zeit, in der wir wie wild am Buch gearbeitet haben, seine Freizeit, Energie und Liebe in die Website gesteckt hat.
- Robert Quiner, der dieses Buch genauestens unter die Lupe genommen und Korrektur gelesen hat.
- Birgit Zaillenthal, die ein zweites Mal Korrektur gelesen und die Texte auf Verständlichkeit und Vollständigkeit überprüft hat.
- Allen, die die Pralinen Probe gekostet und ehrliche Meinung und konstruktive Kritik geäußert haben. (Sorry, wegen der Chili-Karamell-Praline. Da ist das Chili-Döschen wohl etwas aus der Hand geflutscht...)

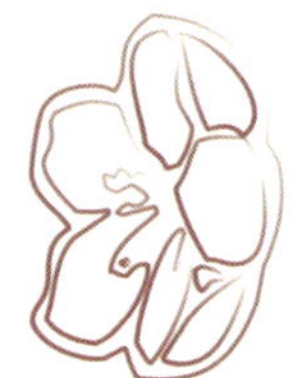

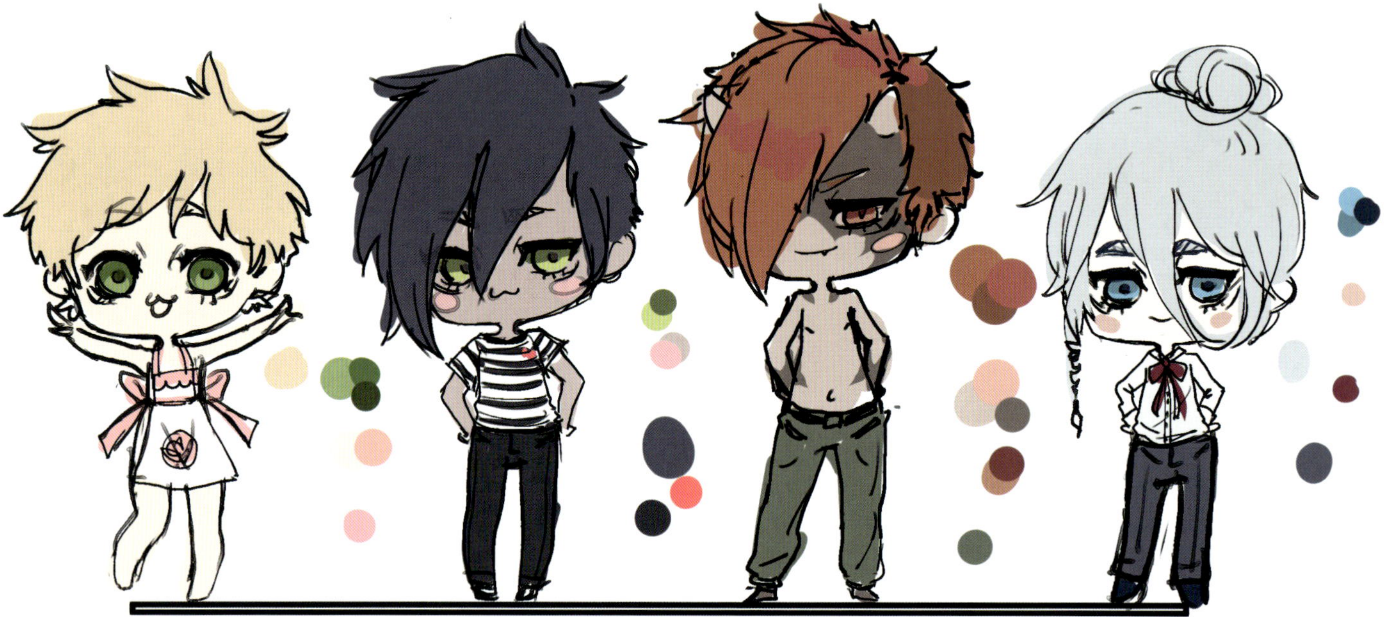